アルケミスト双書　タロットの美術史〈1〉

愚者・奇術師

鏡 リュウジ

✱

The Fool & The Magician

Ryuji Kagami

はじめに

僕たちのタロットの旅が「愚者」と「奇術師」から
スタートするのは、実に象徴的だ。
この2人は期せずして僕たちにとっての「タロット」
そのもののイメージを映し出しているように思えるからだ。
愚者の「愚かさ」と奇術師の「賢さ」はいつの世にも
人の心をとらえて離さない元型だ。
だが、「愚かさ」とは、「賢さ」とは何だろうか。
ソクラテスは「無知の知」を、仏典は「無分別の智」を説く。
幼子の愚かさは何ものにもとらわれない純粋な精神かもしれず、
大人の賢さは単なる小賢しさでもあるかもしれない。
愚と賢は変幻自在に入れ替わり、にわかに判別できない。
タロットもまさにそうだ。
素朴な絵札に伝統的な寓意が秘められ、
迷信じみた占い遊びがときに心の深みを照らし出す。
だが、そこに輪郭のはっきりした「真実」を求めようとするなら
タロットの占いは、愚かしい迷妄となる。
これから始まるタロットの旅は
愚者と奇術師が交互に導く終わりなき道行きだ。
いっときこの俗世のしがらみと分別を捨て、この旅を楽しもう。

鏡リュウジ

ヤン・ファン・ベールス 《赤い道化師》 19 世紀後半

ウェイト＝スミス版〈愚者〉
Waite-Smith Tarot
1910　イギリス／ロンドン　夢然堂蔵

愚者

The Fool

現代の通例では「愚者」はタロットのスタート
を飾る。現実世界において古くから社会的に
低い地位にあり、ネガティヴなイメージを持つ一方、
その自由なふるまいや純粋さに存在価値が見出され
てきたのも事実。一体、「愚者」とは何者なのだろう？

愚者 / The Fool

社会通念や分別に
とらわれない純粋な存在

僕たちのタロットの旅は「愚者」から始まる。だが、これは現代のタロットの通例に従ったものにすぎない。歴史的には「愚者」は、他の切札（絵札）とはややステイタスを異にしていて、同列に扱うことはできないものだった。22枚の「大アルカナ」の中で唯一、番号が与えられていなかったのだ。元来タロットはゲーム用のカードであり、その遊戯において切札には「強さ」のランクが定められていた。今では「愚者」は「大アルカナ」として他の札と同列に扱われているが、もともとはこの切札に属しておらず、より自由な扱いを受けていたのだ。

この無番号、無所属という状態そのものが「愚者」のイメージを端的に表しているのではないだろうか。

時代や地域によってこの「愚者」の顔はさまざまだ。ぼろをまとい、痴呆のしるしてある羽を頭につけた「愚者」、宮廷に出入りしつつ日常の秩序を反転させる

「道化」——そうあのシェイクスピアが愛した存在だ——そして精神を病んだ者、家なき物乞いといった姿をとってきた。いずれも社会通念から見れば否定的な評価しか与えられない存在だろう。

しかし近代に入り、とりわけ19世紀末以降、「愚者」は大いなる変容を遂げる。この「愚かさ」は、人間の小さな分別智ではとらえきれない純粋な存在を示すものとしてイメージされるようになったのだ。みすぼらしい老人の姿からついには神的な子どもまで——。考えてみれば、真実は世間の常識という小賢しさを脱がなければ見えてこない。愚かさと真の英智、童と翁は容易に入れ替わる。タロットの象徴の奥深さは、このように見かけの二元性を軽々と超えるところにある。

「愚者」の不敵な笑みは、僕たちの見かけの賢さのペルソナを見透かしているのだ。

ヴィスコンティ・スフォルザ版
〈愚者〉

Visconti-Sforza Tarot
1480–1500頃　イタリア／ミラノ
モルガン・ライブラリー・アンド・
ミュージアム蔵（ニューヨーク）

現存する最古の札のひとつ。ぼ
ろをまとい、頭に愚かさの象徴
である羽をつける。喉の腫れは
甲状腺腫瘍を示すものだろうか。
睾丸にも見えるこの描写は他の
パックにも見ることができる滑
稽で性的な描写の暗喩かもしれ
ない。次頁のジョットの「愚鈍」
の寓意と比較してみてほしい。

STULTIPP

名画に見る〈愚者〉

ジョット・ディ・ボンドーネ
《7つの悪徳》より〈愚鈍〉

1304-05　フレスコ壁画
スクロヴェーニ礼拝堂蔵（パドヴァ）

9頁の「愚者」と同じく頭に羽をつけ、手に
道化棒、腰には鈴と、以降の図像に共通する
特徴が見られる。本図は7つの悪徳のひとつ
として、愚かさへの戒めが説かれている。

《タロット・カードで遊ぶ人々》
1440年代 フレスコ壁画 ボッロメオ家蔵（ミラノ）

ソーラ・ブスカ・タロット
〈愚者〉

Sola Busca Tarot
1490頃　イタリア
ブレラ美術館蔵（ミラノ）

バグパイプのような楽器を吹く「愚者」。
「fool」の語源は「空袋、ふいご」を表す
ラテン語だという。それは「空の頭」を
暗示するが、そこからは何にも染まらな
い自由な風が吹き出すのかもしれない。

マンテーニャのタロット
〈物乞い〉

Mantegna Tarot
1465頃　イタリア
大英博物館蔵（ロンドン）

通例のタロットではないが、類似の図
像として参考になる。人間界の最低の
地位とみなされた「物乞い」の姿。類
杖をつき、痩せた犬を伴ったこの描写
は「メランコリー」（憂鬱）の寓意と見
ることもできそうだ。

シャルル6世のタロット
〈愚者〉

Charles VI Tarot
1475–1500頃　イタリア
フランス国立図書館蔵（パリ）

誤って「シャルル6世のタロッ
ト」とされたが、実際には15
世紀以降にイタリアで制作。道
化の持ち物であるロバ耳の帽
子をかぶり、巨大な首飾りを
もてあそぶ「愚者」。子どもた
ちは石を拾って彼に投げつけ
ているようだ。

名画に見る〈愚者〉

ヒエロニムス・ボス
《愚者の船》
1475–1500頃　油彩／板
58×33cm　ルーヴル美術館蔵(パリ)

小舟の上で修道士と修道女を含む酔客たちが
浮かれ騒いでいる。木の上で背を丸めひとり
酒を飲む愚者は彼らの愚かさを象徴している
のだろう。愚者たちのあてのない旅は続く。

クエンティン・マセイス
《愚行の寓意》
16世紀初頭　油彩／板
60.3×47.6cm　個人蔵

不敵な笑みを浮かべ、口に指をあてる愚者。ギリシャ神話の沈黙の神ハルポクラテスの仕草を真似することで、沈黙という美徳を嘲笑い、愚者の無分別さを強調しているようだ。

マルセイユ版タロットの世界

文・夢然堂

「マルセイユ版」とは簡単に言うと、17世紀頃のフランスで完成を見た木版タロットと、その様式を採用した諸パックの総称である。その切札全22枚の中で「愚者」は唯一、通し番号を与えられないという特殊な地位にある。その原語名（fou あるいは mat）は文字通り「頭のおかしな者」の意なのであるが、併せて「熱中した、興奮に我を忘れた」といった意味も持っている。実は長らく謎であった「タロット」という名称の語源にも、こうした意味があったらしいという説が最近出ている。

タロット本来の用途はギャンブル的ゲームであり、手にした者たちにとってはこの愚者札こそが、自己投影の対象であったかもしれない。西洋の美徳概念の基本たる四元徳のうち「深慮」だけが切札から姿を消していることも踏まえれば、そこに籠められた皮肉を勘ぐりたくなる。聖書の詩篇にある、「神の存在を信じぬ者」としての罰当たりな愚者も想起される。しかしまた同時に、聖フランチェスコのような「神の道化」となる可能性を秘めた、無垢で一種崇高な存在という捉え方も可能であろう。

掲載の図版4種においては、コンヴェル版が最もスタンダードな「マルセイユ版」のデザインであり、ミュラー版もそれに準ずる。足元の犬らしき動物は「愚者」の連れ合いとも見えるし、よそ者の彼を追い立てる様子とも取れる。一方、ブザンソン版では猫が脚に齧りついている。ヴィアッソーネのピエモンテ版では下半身が描かれず動物の姿もないが、代わりに彼を誘うように蝶が眼前を飛んでいる。ピエモンテ版に至って初めて現れた特徴である。

16

ルヴァンのニコラ・コンヴェル版〈愚者〉
Tarot of Marseilles by Nicolas Conver
1860年代頃　フランス／マルセイユ　夢然堂蔵

カモワンのニコラ・コンヴェル版〈愚者〉
Tarot of Marseilles by Nicolas Conver
19世紀末　フランス／マルセイユ　夢然堂蔵

1889年、パピュスの著書『漂泊民のタロット』で図版に使用され、そのお墨付きを得て以降、「マルセイユのタロット」の代名詞として最も権威ある地位を与えられてきたのが「ニコラ・コンヴェル版」である。掲載図版はおそらく1860年代あたりの製品で、コンヴェルの使用していた版木を受け継いでいた後継業者ルヴァンによるものと思われる。ステンシル（型紙）で彩色がなされており、後のバージョン（カモワン）より色数が多い。

ルヴァン家の事業を承継したカモワン家は1880年代に製造工程の合理化を図り、コンヴェル版の彩色にも変更を加え色数を減らしたバージョンを作成した。マルセイユの地で製造された本当の意味での「マルセイユのタロット」としては最後のものとされており、グリモー社製ではこのパックの彩色パターンが参考にされている。掲載図版は金貨のエース札に見られる税印から1890年以降の製品であることがわかる。

LE FOU

ルノーのブザンソン版〈愚者〉

The Besançon Tarot by Renault
19世紀前半　フランス／ブザンソン　夢然堂蔵

「ブザンソン版の祖」ジャコブ・ジェルジェの事業継承者ルノーのパック。ジェルジェの版木をそのまま使用して制作されている。ルノーの活動期間は1845〜60年であり、近代魔術の父エリファス・レヴィが著書で言及している「ブザンソンのタロット」もこのルノー版と思われる。掲載図版は故スチュアート・キャプラン氏の旧蔵品で、『タロット百科事典』第2巻に掲載されている。すでに版木の摩耗が激しかったようで、一部に線を補筆した跡が見える。

ミュラー版〈愚者〉

Tarot of Marseilles by J. Muller
19世紀末頃　スイス／シャフハウゼン　夢然堂蔵

カード製造業者ヨハン・ミュラー2世によるパッ
ク。スイス製マルセイユタロットの伝統を受け
継ぐものであるが、遠く16世紀のリヨンまでさ
かのぼれるデザインの痕跡も残っている。本場
ヨーロッパにおいて19世紀末から20世紀に入っ
てもしばらくの間、入手可能な数少ない「マル
セイユ版」であった。高名なイギリスの魔術結
社「黄金の夜明け」団員たちが使用していた証
拠が複数残っていることも、そうした事情を反
映している。左下の占い用に手書きされたもの
らしき数字は、エティヤのパックに従ったもの
である。

ヴィアッソーネのピエモンテ版〈愚者〉

Piedmont Tarot by Alessandro Viassone
1900前後（?）　イタリア／トリノ　夢然堂蔵

イタリアのピエモンテ州を中心に製造されてい
た、いわゆる「ピエモンテ版」のひとつ。ゲー
ム用に特化され、小ぶりなサイズで切札も通常
のトランプの絵札のように双頭式（ダブルヘッ
ド）となっている。「愚者」札の蝶々といった、
後世のパックに影響を与えた特徴も持つ。アレッ
サンドロ・ヴィアッソーネはピエモンテ州の州
都トリノのカードメーカーで、同地の代表的な
業者であった。19世紀末にはイギリスに輸入さ
れ、初期の「黄金の夜明け」団員たちによって
（おそらくミュラー版が手に入るようになる前
に）使用されていたようである。

名画に見る〈愚者〉

ピーテル・ブリューゲル1世
《ネーデルラントのことわざ》

1559　油彩／板　117.2×163.8cm
絵画館蔵（ベルリン）

🎵

16世紀ネーデルラントの農村を舞
台に、あらゆる階級、職業の人物
たちによって100を超えることわ
ざが表された名作。社会の一員と
して欠かせない愚者は家屋の窓か
ら身を乗り出し「阿呆は良いカー
ドを引く（無知の勝利）」「全世界
に糞をする（世論を無視）」という
ことわざを体現する。

フランソワ・ド・ポワリーの
ミンキアーテ版
〈モーモス〉

Minchiate by François de Poilly
1658–93　フランス
フランス国立図書館蔵（パリ）

「愚者」はここではギリシャ神話における
非難や皮肉の神モーモスへと姿を変えて
いる。モーモスはゼウスを相手にしても
なおその風刺や皮肉を慎まずにいたため
に追放され、放浪の身となったという。

ミンキアーテ版〈愚者〉

Minchiate Tarot
1860–90頃　イタリア／フィレンツェ
フランス国立図書館蔵（パリ）

「道化」（愚者）が手にした風車は子ど
ものおもちゃであることから、幼児性
や愚かさの象徴であるとともに、「fool」
の語源である「ふいご」とのつながり
で風や空気を連想させる。風（息）は
「スピリット」でもある。

Momus

Nº 46.

D'apres les desseins de J. Holbein   gravé par Chrⁿ de Mechel.

Der Narr.

So wie zur Schlachtbank wird der Stier geführt
Und ahnet nicht, was jetzt mit ihm geschieht,
So nichts den Narren auf der Welt berührt,
Mit Lachen er sich selbst den Tod besieht,
Der mit des Dudelsackes wüstem Klang
Ihn nun begleitet auf dem letzten Gang;
Erstorben ist in ihm längst das Gefühl,
Er gleicht dem halbzerriss'nen Saitenspiel.

Verlag von C. Uhler.

名画に見る〈愚者〉

クリスティアン・ド・メッヘル
《死の舞踏》より
バグパイプを吹く「死」と愚者

1860
版画（ピーテル・パウル・ルーベンスに基づく）

現代よりも死がずっと身近だった中世ヨーロッパで流行した図像「死の舞踏」。身分問わず誰にでも訪れる死は愚者にとっても必然だが、彼は道化棒で「死」を殴ろうとしている。

グラン・エテイヤ
（タロット・エジプシャン）
〈愚行〉

Grand Etteilla or Tarot Égyptien
1875-99頃　フランス／パリ
鏡リュウジ蔵

伝統的な木版画の「愚者」の構図を見せ
ているが、下段に「錬金術師か愚者か」
という興味深い書き込みを見ることがで
きる。賢者と愚者の互換可能であるとい
う解釈の端緒を見ることができそうだ。

オズヴァルト・ヴィルト・タロット
〈愚者〉

Oswald Wirth Tarot
1889　フランス／パリ
フランス国立図書館蔵（パリ）

オカルト的解釈がちりばめられたタロッ
トの端緒。下部の背景にはワニが現れて
いる。ワニは秩序を混沌へ引き戻す力、山
猫は透徹した意識の象徴であると、この
タロットの作者のヴィルトは言う。

ウェイト゠スミス版
〈愚者〉

Waite-Smith Tarot
1910　イギリス／ロンドン　夢然堂蔵

現代的なタロットの「愚者」のイ
メージを決定づけたのがこのウェ
イト゠スミス版の「愚者」である。
それまでの老人から若々しい純粋
な存在として「愚者」を再創造し
た。純粋な光の担い手としての「愚
者」のイメージがよく表れている。
作者のウェイトはこの「愚者」を
「他界から旅する王子」と呼ぶ。

01.

マザーピース・ラウンド・タロット・デッキ

*Motherpeace Round Tarot Deck
by Karen Vogel and Vicki Noble*

🌐 motherpeace.com
📷 motherpeacekaren

古代に存在したと作家たちが考える母権的で平和な社会を描く、フェミニズム的な作品。自由に踊る「愚者」はあらゆる束縛から解放されている。

02.

はじめてのタロット

鏡リュウジ・荒井良二

ホーム社／集英社　2003

世界的な絵本作家・荒井良二氏によるタロット。荒井氏独特のタッチと色彩が魅力的。「愚者」は籠に楽器を入れている。彼は音楽を友に旅をしているのだろうか。

03.

マウンテン・ドリーム・タロット

Mountain Dream Tarot : Commemorative Edition Deck 2019 © Bea Nettles

🌐 beanettles.com
📷 beanettles

史上初の、78枚フルセットを写真で構成したタロット。1975年出版のものを、記念版として再現復刻した作品。当時のヒッピーカルチャーを反映。

04.

アイ・アム・ザ・アーティスト・タロット

I AM THE ARTIST Tarot by Sakki-Sakki ©Monicka Clio Sakki

🌐 sakki-sakki.com
📷 sakkisakkiart

アーティスト、サキ-サキによる現代的なタロット。人はみな、「アーティスト」であるとするこの作家の信条は「愚者」にふさわしい。その力強い作風は鑑賞者の創造性を刺激する。

ヤン・マテイコ
《スタンチク》

1862　油彩／カンヴァス　88×120cm
ワルシャワ国立美術館蔵

近現代絵画に見る
愚者

文・千田歌秋

―――自由な言動に垣間見られる
　道化師たちの生きざま

アンドレ・ドラン
《アルルカンとピエロ》

1924頃　油彩／カンヴァス　175×198cm
オランジュリー美術館蔵（パリ）

古くは愚行の寓意として、現在では自由な魂の象徴として描かれる愚者。それは、愚かな役を演じて人々から嘲笑されることで、王の前ですら自由な言動が許された、道化師の姿と重なる。

16世紀ポーランドの宮廷道化師で、その発言が国政をも左右するほどの影響力を持ったスタンチクは、自由な精神を持つ野心的な道化師の典型である。マテイコは、祖国の危機を知って思い悩む彼を、英雄のような姿で活写した。

一方ドランは、エンターティナーとしての道化たちの姿をユーモラスに描いた。弦のない楽器を弾いて踊る2人に哀愁が漂うのは、宮廷に守られることのない職業道化師の宿命だろうか。

愚者からの
メッセージ

✴ 自分を解放し、ゼロにリセット ✴

ひとり、野をひょうひょうと進むこの愚者は
社会の秩序に容易に収まりきらない存在を示している。
このカードを引いたとき、あなたのことを
「愚か」という人もいるだろう。
もしかしたらあなた自身も自分を「愚か」と
なじりたくなるかもしれない。
しかし、逆を言えばそれはあなたが
何ものからも自由でいるということでもある。
既成の枠組みにお利口に収まっていられるほど、
人間の魂は不自由なものではないのかもしれない。
人はみな裸で何もない状態で生まれてきた。
今はこれまで着込んでしまったいろいろなものを脱ぎ捨て
ゼロにリセットするときなのだろう。
リスクはあるものの、無限の可能性が
あなたの前に広がっている。

Love / 恋愛

常識や世間体にこだわらない恋や愛があなたの前に。
あるいは実年齢、精神年齢が「若い」存在が
あなたのハートを開いてくれるという暗示もある。
自分を決めつけなければあの最初のときめきを
もう一度感じることもできそうだ。
ただし、そこにリスクがあるのもお忘れなく。

Work / 仕事

まだ仕事は始まったばかり。あれこれと夢想は
広がっていくけれど、それを「絵に描いた餅」
「若気の至り」で終わらせるのか、
実際的な形にしていくかはこれからのあなた次第。
ただ、今は小さな現実にばかり縛られないで
夢を広げていくことだ。まずは大きく設計し、後で現実化を。

Relationship / 対人関係

常識という名の偏見で相手を見てはならない。
人はそれぞれの価値観がある。育ってきた環境も違うのだ。
相手を受け入れるにはまずあなたが色眼鏡を捨てて
「幼子」のような愚者に戻る必要がある。
あるいは最初の印象で驚かされた「非常識」な相手が
キーパーソンだということも大いにあり得るのだ。

The Magician

ドッソ・ドッシ《奇術師》（部分）
16世紀前半　プーシキン美術館蔵（モスクワ）

ウェイト＝スミス版〈魔術師〉
Waite-Smith Tarot
1910　イギリス／ロンドン　夢然堂蔵

　　机上に小道具を広げて不思議な技を披露し、人々
を魅了する「奇術師」。近代に入り、彼は高
度な知と技術によって宇宙の真理に近づこうとする
「魔術師」と呼びならわされる。タロットにおいて「奇
術師／魔術師」はどんな奇跡を見せてくれるだろうか。

奇術師 / The Magician

2つのイメージに秘められた
知と技術への衝動

タロットの旅において、無垢なる「愚者」の次に僕たちが出会うのは「奇術師（マジシャン）」だ。伝統的にこの札は路上で言葉巧みに、そして手先の技を用いて観客を楽しませ、ときに不法に金銭を巻き上げる手品師を描いていた。だが近代になって、この世俗の「奇術師（マジシャン）」は宇宙の真理へ知性によって接近しようとする「魔術導師（マジシャン）」へと変貌を遂げる。詐術によって人々を欺く奇術師と本物の魔法を行う魔術師の2つのイメージが、この1枚の札に重なり合っているのだ。

少しばかりタロットの歴史に通じている方なら言うだろう。「ああ、それは18世紀末以降、オカルト主義者たちがタロットに自分たちの妄想を当てはめた結果なんだよ。市井の手品師を本物の魔術師だと誤解したんだな」と。実証的なタロット史をたどる限り、この見方は正しい。けれど、ここでいくらかイメージを深めて想いを巡らせてみよう。

魔術とは、実は人類の最も古い、知による世界の掌握の試みである。魔術師は単に神の救いを待つだけの存在ではない。受け身の聖職者とは異なり自らの知を、技術を頼み、神の創ったこの世界の理を把握して奇跡を起こそうとする。魔術と近代科学との違いはただ一点、物心を明確に分離する科学と異なり、魔術では物理世界のみならず心や魂、精霊、ときに星の神々までもがその対象となることだ。傲慢と言えるほどの知の力への憧憬と信頼がここにある。

鮮やかな手品師の技と現代科学のテクノロジーの距離は確かに大きい。しかしその背後には共通の信念がある。世界には確かな法則があり、人間の知はそれに分け入り、その手で操作できるという確信である。「奇術師／魔術師（マジシャン）」の札にはそんな人間の、知と技術への根源的な衝動が秘められている。

ヴィスコンティ・スフォルザ版
〈奇術師〉

Visconti-Sforza Tarot
1480–1500頃　イタリア／ミラノ
モルガン・ライブラリー・
アンド・ミュージアム蔵（ニューヨーク）

「奇術師」の前の机にはコイン、ナイフ、カップ、そしておそらくは帽子だろうか、手品の道具が並べられている。左手の杖は人々の視線を誘導し、不思議を見せる。大道芸人にしては豪華な衣装をまとったこの奇術師は、もしかしたら単に庶民のためのみならず、貴族たちの前という晴れ舞台でその腕前を披露していたのかもしれない。

ローゼンワルド・シート
Rosenwald Playing Cards
15世紀　イタリア
ナショナル・ギャラリー蔵（ワシントン）

帽子に動物の角を思わせる奇妙な突起
をつけ、そこに鈴がついているように見
えるこの「奇術師」は「愚者」に限りな
く近い。阿呆を演じつつ人々をその技
で翻弄するこの人物の場合、その見か
けまでも「魔術」なのではないだろうか。

名画に見る〈奇術師〉

『中世の家事情』より
《月の子どもたち》
1480頃　個人蔵

天体とそれに属する職業の人々を描く「惑星の子どもたち」というルネサンス期の図像。月は地球に最も近い（階級が低い）からか、奇術師が「月の子ども」として描かれている。

遊戯用カードのシート断片
Sheet Fragments of Italian Playing Cards
1550頃　イタリア
イェール大学図書館蔵（ニューヘイブン）

16世紀ミラノのものと思われる、最古の木版画の
未切断のシート。「奇術師」が背中に背負うものは手
品や大道芸の小道具を入れる袋なのだろうか。カッ
プや玉といったお決まりの手品の道具をこの奇術
師は巧みに操っているように見える。

マンテーニャのタロット
〈職人〉

Mantegna Tarot
1530-61頃　イタリア
大英博物館蔵（ロンドン）

ルネサンスの画家であるマンテー
ニャの作と誤解されていた50枚パッ
クの絵札の１枚。厳密にはいわゆ
るタロットではないが「奇術師」
に類似する札として「職人」があ
る。素材を知と技術によって有用
なものへ変容させる魔術師だ。

ミンキアーテ版
〈奇術師〉

Minchiate Tarot
1860-90頃　イタリア／フィレンツェ
フランス国立図書館蔵（パリ）

「ミンキアーテ・タロット」とはル
ネサンス時代にフィレンツェで誕
生した97枚1組のタロットのバリ
エーション。女性に見誤りそうな
「奇術師」が若い2人の観客を驚か
せ、夢中にさせている。

名画に見る〈奇術師〉

ヒエロニムス・ボスの工房または模写
《奇術師》

1496–1520頃
油彩／板　53×65cm
サン＝ジェルマン＝アン＝レー
市立博物館蔵

鮮やかなトリックを披露する奇術師と、それに目を奪われる観客たち。腰をかがめる左手前の人物は熱中するあまり、財布がすられていることに気づかない。奇術師の腰の籠に見えるフクロウは、彼の知性を表す。

名画に見る〈奇術師〉

ミケランジェロ・メリージ・ダ・
カラヴァッジョ
《いかさま師》

1595頃　油彩／カンヴァス　94.2×130.9cm
キンベル美術館蔵（フォートワース）

手に持つカードを見つめる若者の背
後で、男が画面右の仲間にその内容
を伝える合図を送っている。思わず
息を呑むようないかさま師たちの視
線と仕草が生むドラマティックな描
写は、多くの画家の手本となった。

作者不明のパリジャンのタロット
〈奇術師〉

Tarot Anonyme de Paris
1600-50頃　フランス／パリ
フランス国立図書館蔵（パリ）

この札では、「奇術師」が横向きで
描かれているのが特徴的である。画
面右が「奇術師」であり、2人の
観客をその技で魅了している。中
央の観客がロバの耳のような帽子
をかぶっているのは、だまされる
者の愚かさを暗示するのだろうか。
また机の下にいる猿や犬といった
動物も詐術にたぶらかされる愚か
さを暗示するのかもしれない。

Septima etas mūdi

名画に見る〈魔術師〉

画家不詳
『ニュルンベルク年代記』より
《シモン・マグスの死》

1493　木版　個人蔵

新約聖書にはシモン・マグスというサマリヤの魔術師が登場する。魔術によって宙を飛び、使徒ペテロに挑むが、ペテロが神に祈りを捧げると、悪魔はシモンを手放し、落下後に絶命した。

IDEM IMPETRAVIT A DEO VT MAGVS A DEMONIBVS DISCERPERETVR ·

ピーテル・ブリューゲル1世
《魔術師ヘルモゲネスの転落》

1565　エングレーヴィング
大英博物館蔵（ロンドン）

ヘルモゲネスは13世紀のキリスト教聖人伝『黄金伝説』に登場する魔術師。十二使徒のひとり、大ヤコブとの力試しに挑んだヘルモゲネスは悪魔を呼び寄せるが、中央で大ヤコブに跳ね返されている。

マルセイユ版タロットの世界

文・夢然堂

　　　代のパックに概して描かれる
現　神秘的な「魔術師」に対し、マルセイユ版のはより世俗的な、「手品師」や「奇術師」といった呼び方がふさわしい姿である。実際、原語名（bateleur）は広い意味での大道芸人を表す言葉で、描かれているのは「カップと玉」と通称される古典的演目（どのカップに玉が入っているのかを客に当てさせる）、というのが一般的な解釈である。この出し物は純粋な運任せのゲームではなく、まさしく演者の胸三寸で結果が決まる「手品」であった。その意味ではボスの有名な絵画さながら〔41頁〕、「愚者」にとって彼は娯楽の提供者であるばかりでなく、自分をカモにしようとするまったく油断のならない相手ともなりうる。

　札番号1番のこの札は、無番号の「愚者」を除くと切札中最下位にあた

る。そのためか、伝統的にタロットのゲームでは「取るに足りないもの」との別称を与えられている。しかし一方では最高位にあたる「世界」札と同等の点数を（これも「愚者」とともに）与えられた、特別な札でもある。最も低い身分でありながら、「皇帝」や「教皇」より上の存在ともなる。このあたり、庶民の無意識にある願望の反映でもあろうか。

　図版4種に共通して描かれるのは、雑多な品の載った卓に面して立つ、鍔広の帽子を被った男の姿である。ブザンソン版ではトランプのようなものも描かれており、ギャンブルの胴元的な性格がより鮮明である。ヴィアッソーネ版は他3種と違って棒の代わりに器を手にしており、卓上の品々の中には靴らしきものが見える。服装も相まって、職人めいた姿となっている。

ルヴァンのニコラ・コンヴェル版
〈奇術師〉

Tarot of Marseilles by Nicolas Conver
1860年代頃　フランス／マルセイユ　夢然堂蔵

カモワンのニコラ・コンヴェル版
〈奇術師〉

Tarot of Marseilles by Nicolas Conver
19世紀末　フランス／マルセイユ　夢然堂蔵

ルノーのブザンソン版〈奇術師〉

The Besançon Tarot by Renault
19世紀前半　フランス／ブザンソン　夢然堂蔵

ミュラー版〈奇術師〉

Tarot of Marseilles by J. Muller
19世紀末頃　スイス／シャフハウゼン　夢然堂蔵

ヴィアッソーネのピエモンテ版〈奇術師〉

Piedmont Tarot by Alessandro Viassone
1900前後 (?)　イタリア／トリノ　夢然堂蔵

*各パックについては17〜19頁で解説

この絵札には空を駆けるギリシャ（ローマ）神話のヘルメス（メルクリウス）が描かれる。メルクリウスは神々の伝令役を務めるとともに知性の神であり、同時にその奸智で知られる「だまし」のトリックスターでもあった。一方、ヘルメス＝メルクリウスは古代の神人あるいは賢者とみなされ、錬金術や英智の魔術の始祖としてみなされるようにもなっていった。ヘルメス＝メルクリウスは「奇術師／魔術師」の原型である。

フランソワ・ド・ポワリーの
ミンキアーテ版
〈メルクリウス〉

Minchiate by François de Poilly
1658–93　フランス／パリ
フランス国立図書館蔵（パリ）

賢者ヘルメス・トリスメギストスは
奇術師（魔術師）の原型

ピエール・ミュサール
『Historia deorum fatidicorum』（1675）より
〈三重に偉大なヘルメス〉

オズヴァルト・ヴィルト・
タロット〈奇術師〉

Oswald Wirth Tarot
1889 フランス／パリ
フランス国立図書館蔵（パリ）

19世紀フランスのオカルト主義
者ヴィルトによるタロット。「奇
術師」の帽子は無限大の記号
（∞）を暗示し、机の3本の脚は
錬金術の三原理である硫黄、塩、
水銀を象徴するという。またこ
の奇術師のポーズはヘブライ・
アルファベットの最初の文字「א
（アレフ）」を暗示するとされた。

グラン・エテイヤ
（タロット・エジプシャン）〈病気〉
Grand Etteilla or Tarot Égyptien
1875-99頃　フランス／パリ　鏡リュウジ蔵

歴史上、初めて占い専用に制作されたのがこの「エテイヤ版」。フランスのオカルト主義者エテイヤによるパックで、数種のバージョンが存在する。その構成、順序は通常のタロットとは全く異なり見る者を驚かせる。しかしその色合いや構図は大変美しい。「奇術師」に相当するとされる札は15番目に置かれており、「病気」というタイトルが与えられている。現在流通している占いマニュアルによると心身の病を象徴するという。右図の札では、机の上に通常の手品や魔術の小道具ではなく人形が置かれているのが特徴的だ。もしかするとこれは神像に魂を吹き込み動かすという「神働術」を想起させようとしたものかもしれないと想像する。

グラン・エテイヤ
（タロット・エジプシャン）
〈病気〉
Grand Etteilla or Tarot Égyptien
1850-90頃　フランス／パリ
フランス国立図書館蔵（パリ）

ウェイト＝スミス版
〈魔術師〉

Waite-Smith Tarot
1910 イギリス／ロンドン 夢然堂蔵

　20世紀を代表するオカルト的タ
ロットのひとつ。製作者のウェ
イトによれば、この「魔術師」
は頭上に聖霊、生命の印（無限
大の記号＝∞）を抱き、その顔
にはアポロ神の表情が宿ってい
る。帯は自分の尾を食べる蛇、す
なわち無限の象徴であり、机の
上には四大元素を象徴する道具
が置かれる（剣＝風、杯＝水、金
貨＝土、棒＝火）。天と地を指す
そのポーズは秘儀参入者である
ことを示すものだとウェイトは
語る。

THE MAGICIAN.

現代のタロット／奇術師

Contemporary Tarot Artworks / The Magician

01.

ヴィクトル・ブローネル
《シュルレアリスト》

The Surrealist (Le surréaliste)
by Victor Brauner

1947 油彩／カンヴァス 60×45cm
グッゲンハイム美術館蔵（ヴェネツィア）

ブローネルがタロットの「奇術師」
を下敷きにし、シュルレアリストと
しての自身を描く自画像であるとい
う。芸術家は手近な事物を組み合わ
せ変容させる魔術師でもある。

02.

タロッコ・フィアベスコ

I 22 ARCANI FIABESCHI "Tarocco Fiabesco"
by Maria Elena Pecchio, Osvaldo Menegazzi

Il Meneghello／ITALY
ニチユー株式会社
🌐 pentacle.jp

柔らかなタッチでおとぎ話的な世界を描き
出すタロット。『ピノキオ』のジュゼッペお
じさんを連想させる人物が、何か道具を作
る、あるいは修理しているように見える。

THE MAGICIAN

03.

アルケミカル・タロット

Alchemical Tarot : Renewed 6th Edition
by Robert M. Place

🌐 robertmplacetarot.com
📷 robertmplace

タロット史の研究家としても著名な
ロバート・プレイス氏の作品。錬金
術のモチーフでタロットを再現。魔
術師はヘルメス＝メルクリウスとし
て表現されている。

04.

バイゴン・タロット

The Bygone Tarot by Finnikee Design

🌐 finnikee.etsy.com
📷 finnikeedesign

パブリック・ドメインになっている
デジタル素材を組み合わせてタロッ
トを創る試み。伝統的な「魔術師」
が箒に乗り、空を飛ぶ魔女になって
いるのがユニーク。

THE MAGICIAN

近現代絵画に見る
奇術師

—— 魔術師や錬金術師でもある
魅惑的で変幻自在な存在

文・千田歌秋

パウル・クレー
《黒魔術師》

1920　油彩転写素描・
水彩／紙（厚紙に貼付け）
37.3×25.2／25.7cm
ベルクグリューン美術館蔵（ベルリン）

レオノーラ・キャリントン
《パラケルススの庭》
1957 水彩／カンヴァス 85.1×120cm 個人蔵

　奇術師は、いかさまを働く詐欺師か
ら、至高の力を欲する魔術師、究極の
物質を求める錬金術師まで、多彩な顔
を使い分ける変幻自在な存在である。
　クレーは、おそらくオペラ『ホフマ
ン物語』に着想を得て、主人公を破滅
に導く美しき自動人形と、それを操る
魔術師の姿を描いた。画家を魔術師に
見立てていたクレーにとって、このタ
イトルは、皮肉か戒めなのであろう。
　キャリントンは、錬金術師が宇宙卵
や蒸留器になぞらえた卵から世界を創
造していく工程を象徴的に表現した。
そこに、愚者、恋人、吊られた男、死
神、太陽など、タロットのさまざまな
モチーフが登場するのは示唆的である。

✴ 奇術師からのメッセージ ✴

✴ 自分を磨くことが成功への近道 ✴

「奇術師」はこの世界の法則を知り、
そして手腕と技術で現実世界に働きかけていこうとする
強い意志を象徴している。
この札を引いたとき、あなたには今
目の前にあるものと積極的に向き合っていこうとする
強い衝動が動き出している。
力ずくでものを動かそうというのではない。
じっくりと目を凝らし、そこに動いている力学を見定めて、
あなたが望む方向へと流れを作っていこうとするのだ。
周囲にはそれが魔法のように映るかもしれないけれど、
その魔法は知識とスキルによるもの。
周囲へのアンテナを張り、情報を集め、
そして自分を磨くことが成功への近道なのだ。

Love /恋愛

恋は魔法。それは確かにひとつの奇跡。
でもその奇跡は待っているだけでは起こらない。
例えば相手の心を動かす優しい言葉という「呪文」も、
モバイルという「使い魔」も必要。
心理戦や駆け引きもときには有効。
シングルの人には、才気煥発な人がキーパーソンに。

Work /仕事

スキルを磨くべきとき。実際的な技術を
身につけることでぐっと自信も出てくるはず。
何より今あなたに必要なのは明確な意志。
受け身ではなく、「自分の目標はこれ」というものを
はっきりと打ち立ててみて。
それを目指して動いていくことが大きな鍵に。

Relationship /対人関係

言葉を工夫したり、アプローチの方法を
臨機応変に変えていくことで、
あなたはきっとその場の「指揮者」になれるはず。
フレキシブルな対応を。また才能豊かな人との縁も暗示。
最近知り合った、ユニークな人に注目してみると
幸運のきっかけがつかめそう。

タロットの歴史

イタリア貴族の間で流行した遊戯カードが原型

　タロットの誕生は15世紀半ばのイタリアにさかのぼる。意外に思われるかもしれないが、タロットは元来、もっぱらゲーム用のものであって、占いや魔術的な目的のために使われた形跡はほとんどない。今、「トランプ」と呼ばれるカードときょうだい関係にある、玩具だったのだ。

　タロットの直接的なルーツとなるのは、13世紀から14世紀のアラブのカードだとされている。これは今のトランプの先祖にもあたるもので、4つのスート（組）の数札と人物札からなる遊戯カードだった。14世紀にはこの原トランプ／タロットが西ヨーロッパに、最新のファッショナブルな遊びとして流入。貴族たちの間で流行したという。このカードのセットは、今でいうタロットの「小アルカナ」、そして現行のトランプとなっていった。

手描きによる豪華版から版画による普及版へ

　次いで15世紀半ば、北イタリアの貴族の宮廷で、カードの構成に大きな変化が起こる。「死神」や「太陽」、「吊られた男」といった寓意画の切札が追加されたのだ。これはゲームをより精緻に、そして複雑にするためだったと思われる。現存する最古のタロットのひとつはミラノで制作された、通称「ヴィスコンティ・スフォルザ版」であるが、こうしたパックは貴族の注文に応じて職人が手描きで制作した、実に豪華で高価なものだった。

　タロットのゲーム（当時は切札のゲームと呼ばれた）の魅力は貴族のみならず、一般の人々にも抗しがたいものがあったのだろう。ほどなくしてタロットは版画のかたちで大量生産されるようになり、ヨーロッパ中に広がっていった。17世紀から18世紀にかけては「マルセイユ版」と現在

呼ばれているような、素朴で、しかし実に印象的なカードが広く生産されるようになる。今につながるカードの基本的な構図が完成されていくのである。

▍近代以降、神秘化を経て用途や表現がより多様に

そして18世紀後半、タロットの歴史の中で決定的に重要な転換が起こる。運命の年は1781年。パリの百科全書派の学者クール・ド・ジェブランとコント・ド・メレの2人が「タロット古代エジプト起源説」を唱えるのだ。タロットは古代エジプト人の知恵が集約された暗号である、という。現在の知見からするとこれは誤りなのだが、しかしこのロマンティックな「神話」はその後のオカルト主義者たちの想像力を刺激し、タロットを神秘の奥義書として解釈しようとする動きが大きくなる。

勢い、カバラ、錬金術、薔薇十字、聖杯伝説、グノーシス主義といった

さまざまな秘教的な教義とタロットは結びつけられ、そうした「奥義」を表現したタロットが制作されるようになる。現在、最もポピュラーな「ウェイト＝スミス版」なともその流れの中で誕生する。神秘のオーラをまとったタロットは、より一般的で世俗的な占いにも用いられるようになっていった。

さらに20世紀半ば以降、タロットはユング心理学やニューエイジ思想の影響を受け、単なる占いではなく、心の発達のモデルとしてもとらえられるようになる。予言ではなく自己発見のツールとしての深まりを見せるようになっていくのである。と同時に、タロットはさまざまな思想や社会的な立場を表現する受け皿にもなり、また純粋な芸術性や創造性の発露としてもみなされ、現在では毎年のように斬新な新作タロットが生み出されている。

タロットの世界はますます拡張しているのである。

切札一覧（大アルカナ）

* 図版はすべて、ウェイト＝スミス版（1910、イギリス／ロンドン、夢然堂蔵）。
* 掲載順は伝統的なマルセイユ版に基づき、第8番を「正義」（第5巻）、第11番を「力」（第6巻）とした。
* 数札・人物札（小アルカナ）は第12巻に掲載。

0 愚者
The Fool〔第1巻〕

1 奇術師
The Magician〔第1巻〕

6 恋人
The Lovers〔第4巻〕

7 戦車
The Chariot〔第4巻〕

8 正義
Justice〔第5巻〕

9 隠者
The Hermit〔第5巻〕

14 節制
Temperance〔第8巻〕

15 悪魔
The Devil〔第8巻〕

16 塔
The Tower〔第9巻〕

17 星
The Star〔第9巻〕

2 女教皇
The High Priestess〔第2巻〕

3 女帝
The Empress〔第2巻〕

4 皇帝
The Emperor〔第3巻〕

5 教皇
The Hierophant〔第3巻〕

10 運命の輪
Wheel of Fortune〔第6巻〕

11 力
Strength〔第6巻〕

12 吊られた男
The Hanged Man〔第7巻〕

13 死神
Death〔第7巻〕

18 月
The Moon〔第10巻〕

19 太陽
The Sun〔第10巻〕

20 審判
Judgement〔第11巻〕

21 世界
The World〔第11巻〕

鏡 リュウジ（かがみ・りゅうじ）

占星術研究家、翻訳家。1968年、京都府生まれ。国際基督教大学卒業、同大学院修士課程修了（比較文化）。英国占星術協会会員、日本トランスパーソナル学会理事、東京アストロロジー・スクール主幹。平安女学院大学客員教授、京都文教大学客員教授。著書に『鏡リュウジの実践タロット・リーディング』『タロットバイブル 78枚の真の意味』（以上、朝日新聞出版）、『タロットの秘密』（講談社）、『はじめてのタロット』（ホーム社）、訳書に『ユングと占星術』（青土社）、『神託のタロット ギリシアの神々が深層心理を映し出す』『ミンキアーテ・タロット』（以上、原書房）など多数。『ユリイカ タロットの世界』（青土社）責任編集も務める。

夢然堂（むぜんどう）

古典タロット愛好家。『ユリイカ タロットの世界』（青土社）では、「『マルセイユのタロット』史 概説」と「日本におけるタロットの受容史」を担当。その他、国内外の協力作品や企画多々。第4回国際タロット賞選考委員。福岡県在住。

千田歌秋（せんだ・かあき）

東京麻布十番の占いカフェ＆バー燦伍（さんご）のオーナー占い師およびバーテンダー。著書に『はじめてでも、いちばん深く占える タロット READING BOOK』（学研プラス）、『ビブリオマンシー 読むタロット占い』（日本文芸社）がある。

写真協力：夢然堂／鏡リュウジ／アフロ（Artothek, akg-images）／© Leonora Carrington / ARS, New York / JASPAR, Tokyo, 2023 G3385〔57頁〕

アルケミスト双書 タロットの美術史〈1〉

愚者・奇術師

2024年1月20日　第1版第1刷発行

著者	鏡 リュウジ
発行者	矢部敬一
発行所	株式会社 創元社　https://www.sogensha.co.jp/
本社	〒541-0047 大阪市中央区淡路町4-3-6 Tel.06-6231-9010　Fax.06-6233-3111
東京支店	〒101-0051 東京都千代田区神田神保町1-2 田辺ビル Tel.03-6811-0662（代）
印刷所	図書印刷 株式会社
装幀・組版	米倉英弘・鈴木沙季（細山田デザイン事務所）
編集協力	関 弥生

©2024 Ryuji Kagami, Printed in Japan　ISBN 978-4-422-70161-5 C0371